AF250374

ERNEST RENAN

1823-1892

PAR

G. MONOD.

ERNEST RENAN

Il est difficile de parler avec équité d'un grand homme au moment
où la mort vient de l'enlever. Pour juger dans leur ensemble une vie et
une œuvre, il faut qu'un temps assez long nous permette de les considérer à distance et comme en perspective, de même qu'il faut un certain
recul pour jouir d'un objet d'art. Le temps simplifie et harmonise toutes
choses ; il fait disparaître, dans une œuvre, les parties secondaires et
caduques et met en lumière les parties essentielles et durables. C'est
le temps seul qui, dans les matériaux de valeur inégale dont se com-
pose la réputation d'un grand homme de son vivant, choisit les plus
solides pour élever à sa mémoire un monument impérissable.

Il est encore plus difficile de juger avec impartialité un grand homme
qui vient de mourir quand on l'a connu et aimé, quand on peut encore
se rappeler le son caressant de sa voix, la finesse de son sourire, la profondeur de son regard, la pression affectueuse de sa main, quand on se
sent encore, non seulement subjugué par la supériorité de son esprit,
mais comme enveloppé de sa bienveillance et de sa bonté.

A ces difficultés d'ordre général s'en joint une autre quand il s'agit
du mort illustre dont le monde civilisé tout entier déplore en ce moment
la perte, d'Ernest Renan. Son œuvre est si considérable et si variée,
son érudition était si vaste, les sujets auxquels se sont attachées ses
recherches et sa pensée sont si divers qu'il faudrait, pour être en mesure
de parler dignement de lui, une science égale à la sienne et un esprit
capable comme le sien d'embrasser toutes les connaissances humaines,
toute la nature et toute l'histoire.

Pour toutes ces raisons, on comprendra qu'au lendemain de la mort
d'Ernest Renan, j'éprouve quelque hésitation à parler de lui et que je
ne puisse avoir la prétention de juger ni sa personne ni son œuvre. Je
ne me sens pour cela ni la compétence suffisante ni une indépendance
assez complète d'esprit et de cœur vis-à-vis d'un homme que j'aimais
autant que je l'admirais. Mais, ayant eu le privilège de le voir de près,
appartenant à la génération qui a suivi la sienne et qui a été nourrie
de ses écrits et de son esprit, je puis essayer de rappeler ce qu'il a été

et ce qu'il a fait, et de dégager la nature et les causes de l'influence qu'il a exercée en France pendant la seconde moitié de notre siècle.

I.

Rien de plus uni et de plus simple que la vie d'E. Renan. Elle a été tout entière occupée par l'étude, l'enseignement, les joies de la famille. Ses seules distractions ont été quelques voyages et les plaisirs de la causerie dans des dîners d'amis et dans quelques salons. Si, à deux reprises, en 1869, aux élections législatives de Seine-et-Marne, et en 1876, aux élections sénatoriales des Bouches-du-Rhône, E. Renan sollicita un mandat politique, il y fut poussé par l'idée qu'un homme de sa valeur a le devoir de donner une partie de son temps et de ses forces à la chose publique, s'il en a l'occasion. Il n'avait apporté à ces campagnes électorales aucune fièvre d'ambition. Quand il vit que la majorité des suffrages ne venait point spontanément à lui, il renonça sans peine et sans regret à les briguer.

Cette vie si tranquille et si heureuse eut pourtant ses heures de trouble, on pourrait dire ses drames, mais des drames tout intérieurs, des troubles purement intellectuels, moraux et religieux.

E. Renan était originaire de Tréguier (Côtes-du-Nord), une de ces anciennes villes épiscopales de Bretagne qui ont conservé jusqu'à nos jours leur caractère ecclésiastique, qui semblent un vaste couvent grandi à l'ombre de la cathédrale et qui, dans leur pauvreté un peu triste, n'ont rien de la banalité et de l'aisance bourgeoises des villes de province du nord et du centre de la France. On peut encore visiter l'humble maison, toute proche de la belle cathédrale fondée par saint Yves, où Renan naquit le 27 février 1823 ; le petit jardin planté d'arbres fruitiers où il jouait tout enfant, laissant errer sa vue sur l'horizon calme et mélancolique des collines qui encadrent la rivière de Tréguier. Son père, capitaine de la marine marchande et occupé d'un petit commerce, était de vieille race bretonne (le nom de Renan est celui d'un des plus vieux saints d'Armorique). Il transmit à son fils l'imagination rêveuse de sa race, son esprit de simplicité désintéressée. La mère était de Lannion, petite ville industrielle, qui n'a rien de l'aspect monacal de Tréguier. Très pieuse, elle avait cependant une élasticité et une gaieté de caractère que son fils attribuait à son origine gasconne et dont il avait hérité. Sérieux breton, vivacité gasconne, Renan a trop souvent insisté sur la coexistence en lui de ces deux natures pour qu'il nous soit permis de le contredire sur ce point ; mais, en dépit d'apparences qui ont fait croire à des observateurs superficiels que le gascon l'avait en lui emporté sur le breton, le sérieux a eu la première, la plus large part dans ce qu'il a pensé, fait et écrit.

La vie du reste commença par être pour lui plus qu'austère ; elle fut sévère et dure. Son père périt en mer, alors que son fils était encore enfant, et ce ne fut qu'à force d'économie et de privations que sa mère put subvenir à l'éducation de ses trois enfants. Ernest Renan, loin de garder rancune à la destinée de ces années misérables, lui resta reconnaissant de lui avoir fait connaître et aimer la pauvreté. Il eut toute sa vie l'amour des pauvres, des humbles, du peuple. Il ne s'éloigna jamais des parents de condition plus que modeste qu'il avait conservés en Bretagne. Dans les dernières années de sa vie, il aimait à les aller revoir, comme il avait tenu à conserver intacte la petite maison où s'était écoulée son enfance. Sa sœur Henriette, de douze années plus âgée que lui, personne remarquable par la force de son esprit et de son caractère comme par la tendresse passionnée de son cœur, se dévoua aux siens et, après avoir donné des leçons à Tréguier, elle se résigna d'abord à entrer dans un pensionnat à Paris, puis à accepter une place d'institutrice en Pologne, sans cesser de suivre avec une sollicitude maternelle les progrès de son plus jeune frère, dont elle avait deviné la haute intelligence. Le jeune Ernest faisait à Tréguier ses humanités dans un séminaire dirigé par de bons prêtres; il y était un écolier doux et studieux, qui remportait sans peine tous les premiers prix et ne voyait pas devant lui de plus bel avenir que d'être, dans son pays natal, un prêtre instruit et dévoué, plus tard peut-être chanoine de quelque église cathédrale. Mais sa sœur avait connu à Paris un jeune abbé, intelligent et ambitieux, M. Dupanloup, qui venait de prendre la direction du petit séminaire de Saint-Nicolas-du-Chardonnet, et qui cherchait à recruter des sujets brillants. Elle lui parla des aptitudes et des succès de son frère, et, à quinze ans et demi, Ernest Renan se trouva transplanté à Paris. Il émerveilla ses nouveaux maîtres par sa précoce maturité, par sa merveilleuse facilité de travail, et, après avoir fait brillamment sa philosophie au séminaire d'Issy, il entra à Saint-Sulpice pour y étudier la théologie. Saint-Sulpice était alors en France le seul séminaire où se fût perpétuée la tradition des fortes études et en particulier la connaissance des langues orientales. Les Pères qui y enseignaient, et spécialement le P. Le Hir, orientaliste éminent, rappelaient, par l'austérité de leur vie, par la profondeur de leur érudition, les grands savants que l'Église a produits au xviie et au xviiie siècle. — Renan devint rapidement l'ami, puis l'émule de ses maîtres. Ceux-ci voyaient déjà en lui une gloire future de la maison, sans se douter que les leçons mêmes qu'il y recevait allaient l'en détacher pour toujours.

C'est une crise purement intellectuelle qui fit sortir Renan du séminaire. L'état de prêtre lui souriait; il avait reçu avec une joie pieuse les ordres mineurs, et aucune des obligations morales de la vocation ecclésiastique ne lui pesait. La vie du monde lui faisait peur; celle de l'Église lui paraissait douce. Il n'y avait en lui aucun penchant à la raillerie ou à la frivolité. Mais, en lui enseignant la philologie comparée et la critique, en lui faisant scruter les livres saints, les prêtres de Saint-Sulpice avaient mis entre les mains de leur jeune élève le plus redoutable des instruments de négation et de doute. Son esprit lucide, pénétrant et sincère, vit la faiblesse de la construction théologique sur laquelle repose toute la doctrine catholique. Ce qu'il avait appris à Issy de sciences naturelles et de philosophie venait confirmer les doutes que la critique philologique et historique lui inspirait sur l'infaillibilité de l'Église et de l'Écriture sainte, et sur la doctrine qui fait de la révélation chrétienne le centre de l'histoire et l'explication de l'univers. Le cœur déchiré, car il allait contrister non seulement des maîtres vénérés, mais encore une mère tendrement aimée, il n'hésita pourtant pas un instant à obéir au devoir que la droiture de son esprit et de sa conscience lui imposait. Il quitta l'asile paisible qui lui promettait un avenir assuré pour vivre de la dure vie de répétiteur dans une institution du quartier latin et entreprendre, à vingt-deux ans, la préparation des examens qui pouvaient lui ouvrir la carrière du professorat. Son admirable sœur lui vint en aide dans ce moment difficile. Arrivée avant lui, par ses propres réflexions et ses propres études, aux mêmes convictions négatives, elle avait évité de jamais troubler de ses doutes l'esprit de son jeune frère. Mais, quand il s'ouvrit à elle et lui écrivit ses motifs de quitter le séminaire et de renoncer à la prêtrise, elle fut inondée de joie et lui envoya ses douze cents francs d'économies pour l'aider à franchir les difficultés des premiers temps de liberté.

Il n'eut pas besoin d'épuiser ce fonds de réserve. Grâce à ses prodigieuses facultés intellectuelles et à la science déjà considérable acquise pendant ses années de séminaire, Renan put rapidement se créer une situation indépendante et marcha désormais de succès en succès. On reste confondu en voyant ce qu'il sut faire et produire pendant les cinq années qui suivirent sa sortie de Saint-Sulpice, de la fin de 1845 à 1850. Il conquit tous ses grades universitaires, du baccalauréat à l'agrégation de philosophie, où il fut reçu premier en 1848. Il obtint, la même année, de l'Académie des inscriptions, le prix Volney, pour un grand ouvrage : l'*Histoire générale et système comparé des langues sémitiques* (publiée en 1855), et, deux ans plus tard, un autre prix sur l'*Étude du grec au moyen âge*. Il faisait des recherches dans les bibliothèques d'Italie et en rapportait sa thèse de doctorat soutenue en 1852, un livre sur *Averroès et l'Averroïsme*, capital pour l'histoire de l'introduction de la philosophie grecque en Occident par les Arabes. En même temps, il publiait dans des recueils périodiques plusieurs essais, entre autres celui qui, remanié, est devenu son livre sur l'*Origine du langage,* et il écrivait un ouvrage considérable sur l'*Avenir de la science,* qu'il n'a imprimé qu'en 1890.

Ce livre, composé en quelques mois par un jeune homme de vingt-cinq ans, contient déjà toutes les idées sur la vie et sur le monde qu'il répandra en détail dans tous ses écrits ; mais elles sont affirmées ici avec un ton de conviction enthousiaste et de certitude qu'il atténuera de plus en plus dans ses écrits ultérieurs, sans rien abandonner d'ailleurs du fond même de sa doctrine. Il salue l'aurore d'une ère nouvelle, où la conception scientifique de l'univers succédera aux conceptions métaphysiques et théologiques. Les sciences de la nature surtout et les sciences historiques et philologiques sont non seulement les libératrices de l'esprit, mais encore les maîtresses de la vie. Pédagogie, politique, morale, tout sera régénéré par la science. Par elle seule, la justice sera fondée parmi les hommes, et elle deviendra pour eux une source et une forme de religion.

Sur les conseils d'Augustin Thierry et de M. de Sacy, E. Renan ne publia pas ce volume, dont le ton dogmatique et sévère aurait rebuté les lecteurs et dont les idées étaient trop neuves et trop hardies pour être acceptées toutes à la fois. Les Français auraient pu aussi s'étonner de l'admiration enthousiaste de Renan pour l'Allemagne, en qui il voyait la patrie de cet idéalisme scientifique dont il se faisait l'apôtre. Augustin Thierry enfin était inquiet de voir son jeune ami dépenser d'un seul coup tout son capital intellectuel. Il lui persuada de le débiter en détail dans des articles donnés à la Revue des Deux-Mondes et au Journal des Débats. C'est ainsi que Renan devint le premier de nos essayistes, et, dans des articles de critique littéraire et philosophique, mit en circulation, sous une forme légère, aisée, accessible à tous, ses idées les plus audacieuses et toutes les découvertes de la philologie comparée et de l'exégèse rationaliste. Ce sont ces essais, où son talent littéraire s'affina et s'assouplit et où le fonds le plus solide de pensées et de connaissances s'unissait à une virtuosité prestigieuse de style, qui ont formé les admirables volumes intitulés : *Essais de morale et de critique; Études d'histoire religieuse; Nouvelles études d'histoire religieuse.* Sa renommée littéraire grandissait rapidement, tandis que ses ouvrages d'érudition le faisaient entrer, dès 1856, à l'Académie des inscriptions, âgé seulement de trente-trois ans.

II.

Depuis 1851, il était attaché à la Bibliothèque nationale, et cette place modeste, avec le revenu, de plus en plus important, de ses essais littéraires, lui avait permis de se marier en 1856. Il avait trouvé en Mlle Scheffer, fille du peintre Henry Scheffer et nièce du célèbre Ary Scheffer, une compagne capable de le comprendre et digne de l'aimer. Ce mariage faillit être dans sa vie l'occasion d'un nouveau drame intime. Depuis 1850, Ernest Renan vivait avec sa sœur Henriette ; leur communauté de sentiments et de pensées s'était encore accrue par cette communauté d'existence et de labeur, et Henriette, qui pensait que son frère, en quittant l'Église pour la science, n'avait fait que changer de prêtrise, ne supposait pas que cette union pût jamais être dissoute. Quand son frère lui parla de ses intentions de mariage, elle laissa voir un si cruel trouble intérieur que celui-ci résolut de renoncer à un projet qui paraissait menacer le bonheur d'un être si dévoué et si cher. Mais alors ce fut Mlle Renan elle-même qui courut chez Mlle Scheffer la supplier de ne pas renoncer à son frère et qui hâta la conclusion d'une union dont l'idée seule l'avait bouleversée. Sa vie, du reste, ne fut pas séparée de celle de son frère. Elle s'attacha passionnément à ses enfants. Quand

Ernest Renan partit en 1860 pour la Phénicie, chargé d'une mission archéologique, elle l'accompagna et y resta avec lui quand Mme Renan dut rentrer en France. Ces quelques mois de vie à deux furent sa dernière joie. La fièvre les saisit l'un et l'autre à Beyrouth. Elle mourut, tandis que lui, terrassé par le mal, avait à peine conscience du malheur qui le frappait. Dans le petit opuscule biographique consacré à sa sœur Henriette, la plus belle de ses œuvres, et un des plus purs chefs-d'œuvre de la prose française, E. Renan a gravé pour la postérité l'image de cette femme supérieure et dit avec une éloquence poignante ce que sa perte fut pour lui.

III.

Il rapportait de Syrie, non seulement les inscriptions et les observations archéologiques qu'il publia dans le volume de la *Mission de Phénicie*, paru de 1863 à 1874 par livraisons, mais aussi la première ébauche de sa *Vie de Jésus,* l'introduction de l'œuvre capitale de sa vie : l'*Histoire des origines du Christianisme,* qui forme sept volumes in-8°. Il avait déjà abordé dans ses essais un grand nombre de problèmes religieux et de questions de critique et d'exégèse sacrées, mais il ne voulait pas se borner à l'analyse et à la critique. Il voulait entreprendre quelque grand travail de synthèse et de reconstitution historiques. Les questions religieuses lui avaient toujours paru les questions vitales de l'histoire et celles où peuvent le mieux s'appliquer les deux qualités essentielles de l'historien : la pénétration critique et la divination imaginative qui ressuscite les civilisations et les personnages disparus. C'est au christianisme, c'est-à-dire au plus grand phénomène religieux de l'histoire, que Renan appliqua ses qualités d'érudit, de peintre et de psychologue. Il devait plus tard compléter son ouvrage en y ajoutant, pour introduction, une *Histoire d'Israël,* dont il a publié trois volumes et dont il laisse achevés et prêts à paraître les deux derniers.

L'apparition de la *Vie de Jésus* fut, non seulement un grand événement littéraire, mais un fait social et religieux d'une portée immense. C'était la première fois que la vie du Christ était écrite à un point de vue entièrement laïque, en dehors de toute conception supra-naturaliste, dans un livre destiné, non aux savants et aux théologiens, mais au grand public. Malgré les ménagements infinis avec lesquels Renan avait présenté sa pensée, le ton respectueux et attendri qu'il prenait en parlant du Christ, peut-être même à cause de ces ménagements et de ce respect, le scandale fut prodigieux. Le clergé sentit très bien que cette forme d'incrédulité qui s'exprimait avec la gravité de la science et l'onction de la piété, était bien plus redoutable que la raillerie voltairienne ; venant d'un élève des écoles ecclésiastiques, le sacrilège à ses yeux était doublé d'une trahison, l'hérésie aggravée d'une apostasie. Le gouvernement impérial, qui avait nommé en 1862 E. Renan professeur de philologie sémitique au Collège de France, eut la faiblesse de le révoquer en 1863, en présence des clameurs que souleva la *Vie de Jésus*. Il avait eu la naïveté de lui offrir, comme compensation, une place de conservateur à la Bibliothèque nationale. Renan répondit au ministre : « Pecunia tua tecum sit, » et, libre désormais de tout souci matériel, grâce au prodigieux succès de son livre, le « blasphémateur européen, » comme l'appelait Pie IX, continua tranquillement son œuvre. Ce ne fut qu'en 1870, quand l'Empire fut tombé, que sa chaire lui fut rendue. Ses cours, commencés au milieu même du siège de Paris, ont toujours eu un caractère strictement scientifique et philologique qui en écartait le public frivole et ne les rendait accessibles qu'à un petit nombre de véritables élèves, alors qu'il lui était si aisé d'attirer la foule à ses cours, rien qu'en y professant ses livres avant de les publier ; il dédaigna toujours ces succès faciles et ne songea qu'à faire progresser la science qu'il était chargé d'enseigner. Il devint, en 1883, l'administrateur respecté du grand établissement scientifique dont il avait été chassé comme indigne vingt ans auparavant. Lancé, par la publication de la *Vie de Jésus,* dans la lutte religieuse, attaqué avec violence par les uns, défendu et admiré avec passion par les autres, ayant à souffrir souvent de la vulgarité de certains admirateurs, E. Renan ne s'abaissa point à la polémique ; il ne permit point que la sérénité de sa pensée fût altérée par ces querelles, et il continua à parler de l'Église catholique et du christianisme avec la même impartialité, je dirai plus, avec la même sympathie respectueuse et indépendante.

IV.

L'année 1870 marque une date importante dans la vie d'E. Renan. Ce fut encore une année de crise. L'Allemagne, qui avait été, au moment où il s'était émancipé de son éducation ecclésiastique, la seconde mère nourricière de son intelligence, l'Allemagne, dont il avait exalté si haut le caractère purement idéaliste, en qui il voyait la maîtresse du monde moderne en érudition, en poésie et en métaphysique, lui apparaissait maintenant sous une face nouvelle, froidement réaliste, orgueilleusement et brutalement conquérante. Comme il avait rompu avec l'Église, sans cesser de reconnaître sa grandeur et les services qu'elle avait rendus et qu'elle rendait encore au monde, il sentit, non sans douleur, se relâcher presque jusqu'à se briser le lien moral qui l'attachait à l'Allemagne, mais sans renier jamais la dette de reconnaissance contractée envers elle, sans chercher jamais à rabaisser ses mérites et ses vertus. On trouvera l'expression éloquente de ses sentiments dans ses lettres au Dr Strauss, écrites en 1871, dans son discours de réception à l'Académie française et dans sa lettre à un ami d'Allemagne de 1878. En même temps, une évolution se produisait dans ses conceptions politiques. Aristocrate par tempérament, monarchiste constitutionnel par raisonnement, il se trouvait appelé à vivre dans une société démocratique et républicaine. Convaincu que les grands mouvements de l'histoire ont leur raison d'être dans la nature même des choses et qu'on ne peut agir sur ses contemporains et son pays qu'en en acceptant les tendances et les conditions d'existence, il sut apprécier les avantages de la démocratie et de la République sans en méconnaître les difficultés et les dangers.

E. Renan était désormais en pleine possession de son génie, de son originalité, et en pleine harmonie avec son temps. — Émancipé de l'Église, il était l'interprète de la libre pensée sous sa forme la plus élevée et la plus savante dans un pays qui voyait dans le cléricalisme l'ennemi le plus redoutable de ses institutions nouvelles ; émancipé de l'Allemagne, il avait trouvé dans les malheurs mêmes de la patrie un aliment et un aiguillon à son patriotisme, et il s'efforçait de faire de ses écrits l'expression la plus parfaite du génie français ; émancipé de toute attache aux régimes politiques disparus, il pouvait donner à la France nouvelle les conseils et les avertissements d'un ami clairvoyant et d'un serviteur dévoué. Professeur au Collège de France, le seul établissement d'enseignement qui se soit conservé à travers les siècles toujours semblable à lui-même dans son organisation comme dans son esprit, l'asile par excellence de la recherche libre et désintéressée, membre de l'Académie des inscriptions et de l'Académie française, ces créations de la monarchie réorganisées par la Révolution, l'une représentant l'érudition, l'autre le talent littéraire, E. Renan avait conscience que l'âme de la France moderne vivait en lui plus qu'en tout autre de ses contemporains. Il la laissa s'épanouir librement et se répandre au dehors, jouissant de cette popularité qui faisait de lui l'hôte le plus recherché des salons mondains, l'orateur préféré des assemblées les plus diverses, savantes ou frivoles, aristocratiques ou populaires, et la proie favorite des interviewers. Il répandait sans compter les trésors de son esprit, de sa science, de son imagination, de sa bonne grâce. Il osait dans ses écrits aborder tous les sujets et prendre tous les tons. Tout en continuant ses grands travaux d'histoire et d'exégèse, tout en traduisant Job, l'Ecclésiaste et le Cantique des Cantiques, tout en donnant à l'histoire littéraire de la France des notices qui sont des chefs-d'œuvre d'érudition sûre et minutieuse, tout en dressant chaque année, pour la Société asiatique, le bilan des travaux relatifs aux études orientales, tout en fondant et en dirigeant avec une activité admirable la difficile entreprise du *Corpus inscriptionum semiticarum,* qui sera son titre de gloire le plus incontestable au point de vue scientifique, il exposait ses vues et ses rêves sur l'univers et sur l'humanité, sur la vie et sur la morale, soit sous une forme plus austère dans ses *Dialogues philosophiques,* soit sous une forme plus légère et doucement ironique dans ses fantaisies dramatiques : *Caliban,* l'*Eau de Jouvence,* le *Prêtre de Némi,* l'*Abbesse de Jouarre ;* il travaillait à la réforme du haut enseignement ; il écrivait ces délicieux fragments d'autobiographie qu'il a réunis sous le titre de *Souvenirs d'enfance et de jeunesse.*

V.

Dans cet épanouissement de toutes ses facultés pensantes et agissantes, favorisé par sa triple vie de savant, d'homme du monde et d'homme de famille, E. Renan se sentait heureux, et cette joie de vivre et d'agir lui avait inspiré un optimisme philosophique qui semblait, au premier abord, peu conciliable avec l'absence de toute certitude, de toute conviction métaphysique et religieuse. On était étonné et un peu scandalisé de voir l'auteur des *Essais de critique et de morale,* celui qui avait écrit des pages inoubliables sur l'âme rêveuse et mélancolique des races celtiques, qui avait condamné si sévèrement la frivolité de l'esprit gaulois et la théologie bourgeoise de Béranger, prêcher parfois un évangile de la gaîté que Béranger n'eût pas désavoué, considérer la vie comme un spectacle amusant dont nous sommes à la fois les marionnettes et les spectateurs et dirigé par un Démiurge ironique et indifférent. A force de vouloir être de son temps et de son pays, tout connaître et tout comprendre, Renan semblait parfois montrer pour les défauts même du caractère français une indulgence allant jusqu'à la complicité. Quand il disait qu'en théologie c'est M. Homais et Gavroche qui ont raison, et que peut-être l'homme de plaisir est celui qui comprend le mieux la vie, ses amis même étaient froissés, moins dans leurs convictions personnelles que dans leur tendre admiration pour celui qui avait su parler de saint François d'Assise, de Spinoza et de Marc-Aurèle comme personne n'en avait parlé avant lui. Aux yeux de beaucoup de lecteurs, Renan, devenu l'apôtre du dilettantisme, ne voyait plus dans la religion que le vain rêve de l'imagination et du cœur, dans la morale qu'un ensemble de conventions et de convenances, dans la vie qu'une fantasmagorie décevante qui ne pouvait sans duperie être prise au sérieux. Ceux qui ne l'aimaient pas l'appelaient la Célimène ou l'Anacréon de la philosophie, et plusieurs de ceux qui l'aimaient pensaient que les succès mondains, le désir d'étonner et de plaire l'amenaient à ne plus voir, dans la discussion des plus graves problèmes de la destinée humaine, qu'un jeu d'artiste et un exercice littéraire.

Ceux toutefois qui connaissaient mieux son œuvre et surtout sa vie savaient que ce dilettantisme, cet épicuréisme et ce scepticisme apparents n'étaient point au fond de son cœur et de sa pensée, mais étaient le résultat de la contradiction intime qui existait entre sa nature profondément religieuse et sa conviction qu'il n'y a de science que des phénomènes, par suite, de certitude que sur les choses finies; ils comprenaient d'autre part qu'il était trop sincère pour vouloir rien affirmer sur ce qui n'est pas objet de connaissance positive. Il était trop modeste, trop ennemi de toute ombre de pose et de pharisaïsme pour se proposer en exemple et en règle, pour vanter, comme une supériorité, les vertus et les principes de morale qui faisaient la base même de sa vie. Sa vie, la disposition habituelle de son âme étaient celles d'un stoïcien, d'un stoïcien sans raideur et sans orgueil, qui ne prétendait point se donner en modèle aux autres. Son optimisme n'était point la satisfaction béate de l'homme frivole, mais l'optimisme volontaire de l'homme d'action qui pense que, pour agir, il faut croire que la vie vaut la peine d'être vécue et que l'activité est une joie. Personne n'était plus foncièrement bienveillant, serviable et bon qu'E. Renan, bien qu'il se soit accusé lui-même de froideur à servir ses amis. Personne n'a été plus scrupuleux observateur de ses devoirs, devoirs privés et devoirs professionnels, fidèle jusqu'à l'héroïsme aux consignes qu'il s'était données, n'acceptant aucune fonction sans en remplir toutes les obligations, s'imposant à la fin de sa vie les plus vives souffrances pour accomplir jusqu'au bout ses fonctions de professeur. Cet homme en apparence si gai avait depuis bien des années à supporter des crises de maux physiques très pénibles. Il ne leur permit jamais de porter atteinte à l'intégrité de sa pensée ni d'entraver l'accomplissement des tâches intellectuelles qu'il avait assumées. C'est dans les derniers mois de son existence que ce stoïcisme pratique se manifesta avec le plus de force et de grandeur. Il avait souvent exprimé le vœu de mourir sans souffrances physiques et sans affaiblissement intellectuel. Il eut le bonheur de conserver jusqu'au bout toutes ses facultés ; mais les souffrances ne lui furent pas épargnées. Il les redoutait d'avance comme déprimantes et dégradantes ; il ne se laissa ni déprimer ni dégrader par elles. Depuis le mois de janvier, il se savait perdu ; il le disait à ses amis et ne demandait que le temps et les forces nécessaires pour achever son cours et ses travaux commencés. Il voulut aller encore une fois voir sa chère Bretagne ; sentant son état s'aggraver, il tint à revenir à Paris à la fin de septembre, pour mourir à son poste, dans ce Collège de France dont il était administrateur. C'est là qu'il est mort le 2 octobre. Pendant ces huit mois, il fut en proie à des douleurs incessantes, qui parfois lui ôtaient la possibilité même de parler ; il resta cependant doux et tendre envers tous ceux qui l'approchaient, les encourageant et se disant heureux. Il leur répétait que la mort n'est rien, qu'elle n'est qu'une apparence, qu'elle ne l'effrayait pas. Le jour même de sa mort, il trouvait encore la force de dicter une page sur l'architecture arabe. Il se félicitait d'avoir atteint sa soixante-dixième année, la vie normale de l'homme suivant l'Écriture. Une de ses dernières paroles fut : « Soumettons-nous à ces lois de la nature dont nous sommes une des manifestations. La terre et les cieux demeurent. » Cette force d'âme, soutenue jusqu'à la dernière minute à travers des mois de souffrances continuelles, montre bien quelle était la sérénité de ses convictions et la profondeur de sa vie morale.

VI.

Il laisse un souvenir ineffaçable à ceux qui l'ont connu. Il n'avait rien dans son apparence extérieure qui, au premier abord, parût de nature à charmer. De petite taille, avec une tête énorme enfoncée dans de larges épaules, affligé de bonne heure d'un embonpoint excessif qui alourdissait sa marche et a été la cause de la maladie qui l'a emporté, il paraissait laid à ceux qui ne le voyaient qu'en passant. Mais il suffisait de causer un instant avec lui pour que cette impression s'effaçât. On était frappé de la puissance et de la largeur de son front ; ses yeux pétillaient de vie et d'esprit et avaient pourtant une douceur caressante. Son sourire surtout disait toute sa bonté. Ses manières, où s'était conservé quelque chose de l'affabilité paternelle du prêtre, avec les gestes bénisseurs de ses mains potelées et le mouvement approbateur de sa tête, avaient une urbanité qui ne se démentait jamais et où l'on sentait la noblesse native de sa nature et de sa race. Mais ce qui ne saurait se dire c'est le charme de sa parole. Toujours simple, presque négligée, mais toujours incisive et originale, elle pénétrait et enveloppait à la fois. Sa prodigieuse mémoire lui permettait sur tous les sujets d'apporter des faits nouveaux, des idées originales ; et en même temps sa riche imagination mêlait à sa conversation, avec un tour souvent paradoxal, des élans de poésie, des rapprochements inattendus, parfois même des vues prophétiques sur l'avenir. Il était un conteur incomparable. Les légendes bretonnes, passant par sa bouche, prenaient une saveur exquise. Nul causeur, sauf Michelet, n'a su allier à ce point la poésie et l'esprit. Il n'aimait pas la discussion, et on a souvent raillé la facilité avec laquelle il donnait son assentiment aux assertions les plus contradictoires. Mais cette complaisance pour les idées d'autrui, qui prenait sa source dans une politesse parfois un peu dédaigneuse, ne l'empêchait pas, toutes les fois qu'une cause grave était en jeu, de maintenir très fermement son opinion. Il savait être ferme pour défendre ce qu'il croyait juste ; il avait fait assez de sacrifices à ses convictions pour avoir le droit de ne pas se fatiguer dans des discussions inutiles. Il avait horreur de la polémique. Elle lui paraissait contraire à la politesse, à la modestie, à la tolérance, à la sincérité, c'est-à-dire aux vertus qu'il estimait entre toutes. Il savait, du reste, admirablement, par des comparaisons charmantes, exprimer les nuances les plus rares de ses sentiments. Un jour, dans un dîner d'amis, un convive, en veine de paradoxe, soutenait que la pudeur est une convention sociale, un peu factice, qu'une jeune fille très pudique n'aurait aucune gêne à être nue si personne ne la voyait. « Je ne sais, dit Renan. L'Église enseigne qu'auprès de chaque jeune fille se tient un ange gardien. La vraie pudeur consiste à craindre d'offusquer même l'œil des anges. »

VII.

Le moment n'est pas encore venu, je l'ai dit en commençant, d'apprécier l'œuvre et les idées d'E. Renan. Il est cependant impossible, après avoir dit ce que fut sa vie, de ne pas chercher à indiquer quelles ont été les causes de son immense renommée, quelle place il tient dans notre siècle, et en quoi il a mérité les honneurs exceptionnels que la France lui a rendus au moment de ses funérailles.

Il est un mérite que personne ne songe à lui contester, c'est d'avoir été le plus grand écrivain de son temps et un des plus admirables écrivains de la France de tous les temps. Nourri de la Bible, de l'antiquité grecque et latine et des classiques français, il avait su se faire une langue simple et pourtant originale, expressive sans étrangeté, souple sans mollesse, une langue qui, avec le vocabulaire un peu restreint du xvii⁰ et du xviii⁰ siècles, savait rendre toutes les subtilités de la pensée moderne, une langue d'une ampleur, d'une suavité et d'un éclat sans pareils. Il y a chez Renan des narrations, des descriptions de paysages, des portraits qui resteront des modèles achevés de notre langue, et, dans ses morceaux philosophiques ou religieux, il est arrivé à rendre les nuances les plus délicates de la pensée, du sentiment ou du rêve. Chez lui la familiarité n'est jamais triviale ni la gravité jamais guindée. Si quelquefois, dans ses derniers écrits, le désir de se montrer moderne, l'effort pour faire comprendre le passé par des comparaisons avec les choses actuelles lui a fait commettre quelques fautes de goût, ces fausses notes sont rares, et la justesse du ton égale chez lui la délicate correction du style et l'art consommé de la composition. Renan durera comme écrivain plus qu'aucun des auteurs de notre siècle, parce qu'il a égalé les plus illustres par la puissance pittoresque de l'expression avec une simplicité plus grande de style et un sens artistique plus délicat.

Ce qui fait du reste la beauté et la richesse du style de Renan, c'est qu'il n'a jamais été ce qu'on appelle un styliste; il n'a jamais considéré la forme littéraire comme ayant sa fin en elle-même. Il avait horreur de la rhétorique et ne voyait dans la perfection du style que le moyen de donner à la pensée toute sa force, de la vêtir d'une manière digne d'elle. Tout était naturel chez lui. C'était la simplicité de sa nature qui se reflétait dans la simplicité de son style; la richesse et l'éclat de son style venaient de la plénitude de sa science, de la puissance de son imagination et de l'abondance de ses idées.

Renan n'a pas été un créateur dans les études d'érudition. Il n'a ni en linguistique, ni en archéologie, ni en exégèse fait une de ces découvertes, créé un de ces systèmes qui renouvellent une science; mais il n'est pas d'homme qui ait eu une érudition à la fois aussi universelle et aussi précise que la sienne : linguistique, littérature, théologie, philosophie, archéologie, histoire naturelle même, rien de ce qui touche à la science de l'homme ne lui était étranger. Ses travaux d'épigraphie et d'histoire littéraire sont admirables de méthode et de précision critique. Sa connaissance profonde du passé unie au don de le faire revivre par la magie de son talent littéraire ont fait de lui un incomparable historien. C'est là sa gloire par excellence. Dans un siècle qui est avant tout le siècle de l'histoire, où les littératures, les arts, les philosophies, les religions nous intéressent surtout comme les manifestations successives de l'évolution humaine, E. Renan a eu au plus haut degré les dons et l'art de l'historien. Il est en cela un représentant éminent de son temps. On peut dire qu'il a élargi le domaine de l'histoire, car il y a fait entrer l'histoire des religions. Avant lui c'était un domaine réservé aux théologiens, qu'ils fussent du reste rationalistes ou croyants. Il a le premier traité cette histoire dans un esprit vraiment laïque et l'a rendue accessible au grand public. L'Église n'a pas eu tort de voir en lui le plus redoutable des adversaires. Malgré son respect, sa sympathie même pour les choses religieuses, il portait les coups les plus graves à l'idée de surnaturel et de révélation en faisant rentrer l'histoire des religions dans l'histoire générale de l'esprit humain. D'un autre côté, il répandait partout la curiosité des questions religieuses, et, si les croyants ont pu l'accuser de profaner la religion, on peut à plus juste titre lui accorder le mérite d'avoir fait comprendre à tous l'importance de la science des religions pour l'intelligence de l'histoire et d'avoir éveillé dans beaucoup d'âmes le goût des choses religieuses.

De même qu'il n'a pas été un créateur dans le domaine de l'érudition, Renan n'a pas été non plus un novateur en philosophie. Ses études théologiques ont développé en lui les qualités du critique et du savant et l'ont dégoûté des systèmes métaphysiques. Il était trop historien pour voir dans ces systèmes autre chose que les rêves évoqués dans l'imagination des hommes par leur ignorance de l'ensemble des choses, les mirages successifs suscités dans leur esprit par le spectacle changeant du monde. Mais, s'il n'est pas un philosophe, il est un grand penseur. Il a répandu à pleines mains, dans tous ses écrits, sur tous les sujets, sur l'art comme sur la politique, sur la religion comme sur la science, les idées les plus originales et les plus profondes. C'est autant comme penseur que comme historien que Renan a été le fidèle interprète du temps où il a vécu. Notre époque a perdu la foi et n'admet d'autre source de certitude que la science, mais en même temps elle n'a pu se résoudre, comme le voudrait le positivisme, à ne pas réfléchir et à se taire sur ce qu'elle ignore. Elle aime à jeter la sonde dans l'océan sans fond de l'inconnaissable, à prolonger dans l'infini les hypothèses que lui suggère la science, à s'élever sur les ailes du rêve dans le monde du mystère. Elle a le sentiment que, sans la foi ou l'espérance en des réalités invisibles, la vie perd sa noblesse et elle éprouve pour les héros de la vie religieuse, pour les âmes mystiques du passé, un attrait et une tendresse faits de regrets impuissants et de vagues aspirations. Renan a été l'interprète de cet état d'âme et il a contribué à le créer. Personne n'a plus nettement, plus sévèrement que lui affirmé les droits souverains de la science, seule source de certitude positive, la nécessité d'y chercher une base suffisante pour la vie sociale et la vie morale ; personne n'a plus résolument exclu le surnaturel de l'histoire. Mais en même temps il a pieusement recueilli tous les soupirs de l'humanité aspirant à une destinée plus haute que celle de la terre ; il a recréé en lui l'âme des fondateurs de religions, des saints et des mystiques; il a proposé et s'est proposé à lui-même toutes les hypothèses que la science peut permettre encore à l'âme religieuse. Chose curieuse, ce sont trois Bretons, trois fils de cette race celtique sérieuse, curieuse et mystique, qui ont en France représenté tout le mouvement religieux du siècle : Chateaubriand, le réveil du catholicisme par la poésie et l'imagination; Lamennais, la reconstitution du dogme, puis la révolte de la raison et du cœur contre une Église fermée aux idées de liberté et de démocratie; Renan, le positivisme scientifique uni au regret de la foi perdue et à la vague aspiration vers une foi nouvelle.

Ce qu'on a appelé son dilettantisme et son scepticisme n'est que la conséquence de sa sincérité. Il avait également peur de tromper et d'être dupe, et il ne craignait pas de proposer des hypothèses contradictoires sur des questions où il croyait la certitude impossible[1]. On a pu s'étonner que le même homme qui a voulu qu'on mît sur sa tombe : *Veritatem dilexi,* se soit si souvent demandé, comme Pilate : « Qu'est-ce que la vérité? » Mais ces interrogations, mêlées d'ironie, étaient elles-mêmes un hommage rendu à la vérité. Il voyait que, pour la plupart des hommes, aimer la vérité c'est aimer, jusqu'à l'intolérance, jusqu'au fanatisme, des opinions particulières, reçues par tradition ou conçues par l'imagination, toujours dépourvues de preuves et destructives de toute liberté de penser. Affirmer des opinions qu'il ne pouvait prouver lui paraissait un orgueil intolérable, une atteinte à la liberté de l'esprit, un défaut de sincérité envers soi-même et envers les autres; et il se rendait le témoignage de n'avoir jamais fait un mensonge consciemment, bien plus, d'avoir eu le courage dans ses écrits de dire toujours tout ce qu'il pensait. Il voyait du stoïcisme et non du scepticisme à pratiquer le devoir sans savoir s'il a une réalité objective, à vivre pour l'idéal sans croire à un Dieu personnel ni à une vie future, et, dans les ténèbres d'incertitude où l'homme vit ici-bas, à créer, par la coopéra-

---

1. C'est là ce qu'il faut se rappeler pour comprendre ce qui, dans son œuvre historique, peut au premier abord paraître entaché d'inconsistance et de fantaisie. On l'a accusé de dédaigner la vérité, de tout sacrifier à l'art, de mettre toute la critique historique dans le talent « de solliciter doucement les textes. » Il faut l'avoir peu ou mal lu pour le juger ainsi. Il a eu simplement la sincérité de reconnaître que, dans des œuvres de synthèse, on ne peut appliquer partout la même méthode. Quand on doit raconter une période ou la biographie d'un personnage pour lesquelles les documents positifs font défaut, l'histoire a le droit de reconstituer par divination « une des manières dont les choses ont pu être. » Renan a toujours averti quand il procédait ainsi, qu'il s'agît des origines d'Israël, de la vie du Christ ou de celle de Bouddha. Mais, quand il s'agit de décrire le milieu social et intellectuel où s'est développé le christianisme, ou d'étudier les œuvres des hommes du moyen âge, ou d'établir des textes, il a été le plus scrupuleux comme le plus pénétrant des critiques. Personne n'a mieux parlé que lui des règles et des devoirs de la philologie; personne ne les a mieux pratiqués.

tion des âmes nobles et pures, une cité céleste où la vertu est d'autant plus belle qu'elle n'attend pas de récompense. Quelques-uns des contemporains de Renan se sont crus ses disciples parce qu'ils ont imité les chatoiements et les caresses de son style, ses ironies et ses doutes. Ils se sont gardés d'imiter ses vertus, son colossal labeur et son dévouement à la science. Ils n'ont pas compris que son scepticisme était fait de tolérance, de modestie et de sincérité. Ceux qui liront l'*Avenir de la science*, écrit à vingt-cinq ans, et qui verront les liens intimes qui rattachent ce livre à l'œuvre tout entière de Renan, diront, eux aussi, en contemplant cette longue vie si bien remplie : *Veritatem dilexit*.

Si nous nous demandons maintenant ce qui caractérise Renan parmi les grands écrivains et les grands penseurs, on trouvera que sa supériorité réside dans le don particulier qu'il a possédé de comprendre l'histoire et la nature dans leur variété infinie. On l'a comparé à Voltaire, parce que Voltaire, comme lui, a été le représentant de son siècle, mais Voltaire n'avait ni sa science ni son originalité de pensée et de style ; on l'a comparé à Gœthe, mais Gœthe est avant tout un artiste créateur, et son horizon intellectuel, si vaste qu'il fût, ne pouvait avoir, au temps où il a vécu, l'étendue de celui de Renan. Aucun cerveau n'a été plus universel, plus compréhensif que celui de Renan. La Chine, l'Inde, l'antiquité classique, le moyen âge, les temps modernes avec leurs perspectives infinies sur l'avenir, toutes les civilisations, toutes les philosophies, toutes les religions, il a tout connu, tout compris. Il a recréé l'univers dans sa tête, il l'a repensé, si l'on peut dire, et même de plusieurs manières différentes. Ce qu'il avait ainsi conçu et contemplé intérieurement, il avait le don de le communiquer aux autres sous une forme enchanteresse. Cette puissance de contemplation créatrice de l'univers, qui est proprement un privilège de la divinité, a été la principale source de la joie qui a illuminé sa vie et de la sérénité avec laquelle il a accepté la mort.

G. Monod.

Versailles, 10 octobre 1892.

Nogent-le-Rotrou, imprimerie DAUPELEY-GOUVERNEUR.